MUST READ

ANALIZA KSIĄŻKI

AF137667

Obraz Doriana Graya

· · · · · · · · · · · · · ·

OSCAR WILDE

ANALIZA KSIĄŻKI

Napisany przez Vincent Guillaume
Przetłumaczony przez Kâmil Kowalski

Obraz
Doriana Graya

O~~SCAR~~ W~~ILDE~~

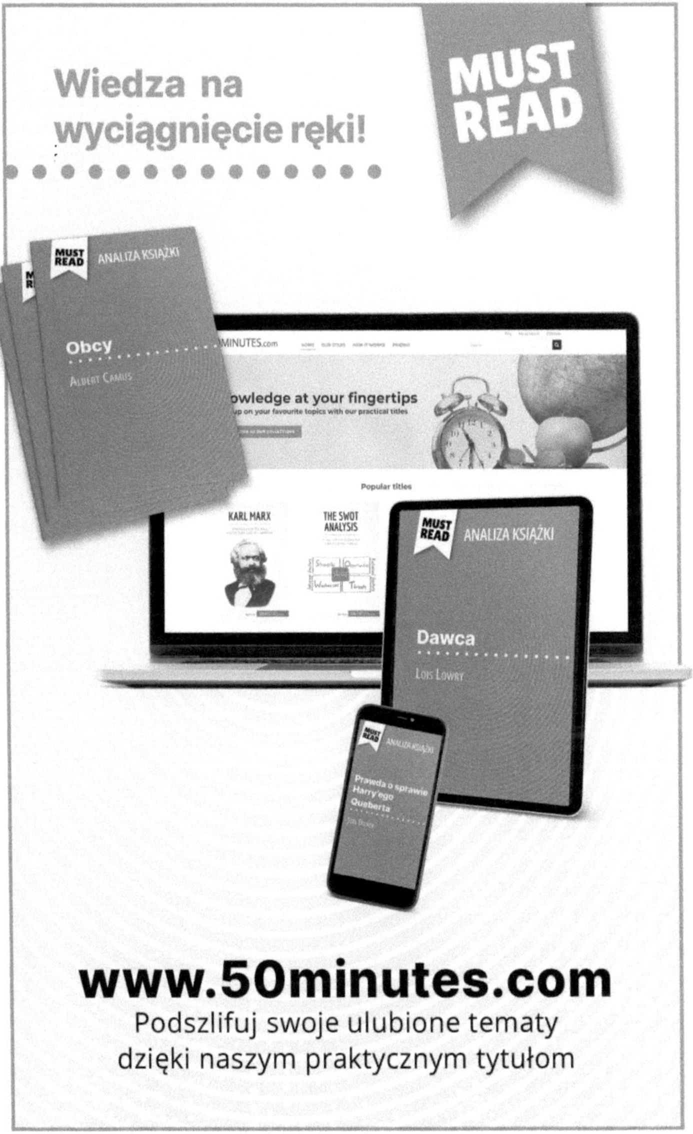
Wiedza na wyciągnięcie ręki!
MUST READ
MUST READ
ANALIZA KSIĄŻKI
Obcy
Albert Camus
Popular titles
KARL MARX
THE SWOT ANALYSIS
MUST READ
ANALIZA KSIĄŻKI
Dawca
Lois Lowry
Prawda o sprawie Harry'ego Queberta
www.50minutes.com
Podszlifuj swoje ulubione tematy
dzięki naszym praktycznym tytułom

OSCAR WILDE

IRLANDZKI POWIEŚCIOPISARZ, POETA, DRAMATURG, AUTOR OPOWIADAŃ I ESEISTA

- **Urodzony w Dublinie w 1854 r.**

- **Zmarł w Paryżu w 1900 r.**

- **Godne uwagi prace:**

  - *Dusza człowieka w socjalizmie* (1891), esej

  - *Salome* (1893), sztuka teatralna

  - *The Importance of Being Earnest* (1895), sztuka teatralna

Oscar Wilde był pisarzem urodzonym w Irlandii, który większość swojego życia spędził w Londynie i z pewnością jest najlepszym przedstawicielem "Fin-de-Siècle" w świecie anglojęzycznym. Zwolennik ruchu dekadenckiego i estetyzmu, nie chciał, aby cokolwiek przeszkadzało sztuce i pięknu.

Jego sposób bycia jako wybujałego dandysa i jego antykonformizm szokowały, a on sam spotykał się czasem z wyjątkowo gwałtownymi reakcjami. W 1895 roku został skazany na dwa lata katorgi w więzieniu w Reading, za akty homoseksualizmu. Po odbyciu kary wyjechał do Paryża i tam zmarł w 1900 roku, jako nędzarz. Jego najbardziej znane dzieła to *Obraz Doriana Graya* (1890-1891) i sztuka *Znaczenie bycia Earnestem* (1895).

OBRAZ DORIANA GRAYA

WYGLĄD IRLANDZKIEGO DANDYSA

- **Gatunek:** powieść
- **Wydanie referencyjne:** Wilde, O. (2001) *The Picture of Dorian Gray*. London: Wordsworth Classics.
- **Pierwsze wydanie**: 1890
- **Tematyka:** starość, uroda, wygląd, niemoralność, sztuka, literatura, młodość

Początkowo opublikowany w *Lippincott's Monthly Magazine* w 1890 roku, następnie przerobiony i rozszerzony w 1891 roku, Obraz Doriana Graya jest jedyną powieścią Oscara Wilde'a. Opowiada historię młodego człowieka o fascynującej urodzie, który wypowiada życzenie, aby zachować swoje wdzięki i młodość na zawsze. W niewytłumaczalny sposób jego życzenie zostaje spełnione, a portret wykonany przez przyjaciela zmienia się w jego miejsce, nosząc ślady wieku i dekadenckich przyjemności, w które rzuca się ciałem i duszą.

Kluczowym tematem w Obraz Doriana Graya jest postulowana przez Wilde'a emancypacja sztuki od moralności. Powieść wywołała skandal, kiedy została opublikowana, ze względu na sposób, w jaki autor opisuje, jak bohater rzuca się w rozpustę, bez wyraźnego potępienia jego niemoralności.

STRESZCZENIE

PRZEDMOWA

Wilde wyjaśnia swoje artystyczne przekonania, wiążąc sztukę z pojęciem piękna w jej szerokim znaczeniu i odmawiając przypisywania jej wymiaru moralnego czy bardziej utylitarnego.

ROZDZIAŁ 1

Lord Henry Wotton, który odwiedza malarza Bazylego Hallwarda, podziwia portret młodzieńca o niezwykłej urodzie, Doriana Graya. Bazyli mówi, że odmawia jego wystawienia, ponieważ włożył w obraz zbyt wiele swojej duszy. Kiedy Dorian Gray przybywa do pracowni, lord Henry prosi, by go przedstawić, wbrew woli Bazylia, który błaga go, by nie skorumpował go swoim nikczemnym wpływem.

ROZDZIAŁ 2

Lord Henryk rozmawia z Dorianem, gdy ten siedzi dla Bazylego. Namawia go, by cieszył się swoją młodością i urodą, zanim zmaleje. Dorian jest zaniepokojony tymi słowami. Kiedy portret jest gotowy, ma epifanię, patrząc na obraz "jakby rozpoznał siebie po raz pierwszy" (Rozdział 2). Zrozpaczony myślą o utracie swojego piękna, podczas gdy portret na zawsze pozostanie nieskażony, pragnie, aby ten porządek rzeczy został odwrócony.

ROZDZIAŁ 3

Lord Henryk udaje się do wuja, aby uzyskać informacje o rodzinie Doriana. Postanawia stać się wpływem Doriana, tak jak sam Dorian wpływa na Bazylego.

ROZDZIAŁ 4

Dorian wyjaśnia lordowi Henrykowi, jak poznał miłość swojego życia, aktorkę Sibyl Vane. Lord Henry jest zafascynowany entuzjazmem Doriana. Później otrzymuje od niego telegram z informacją, że on i Sibyl Vane są zaręczeni.

ROZDZIAŁ 5

Ten rozdział przedstawia Sibyl, która jest całkowicie szczęśliwa w swojej miłości do Doriana, a także jej matkę i młodszego brata, Jamesa, który martwi się o swoją siostrę. Jej związek z tym nieznanym mężczyzną (nazywa go "księciem z bajki") nie podoba mu się.

ROZDZIAŁY 6-7

Dorian, lord Henryk i Bazyli idą do teatru. Na scenie Sibyl gra bardzo źle; Dorian jest głęboko wstrząśnięty. Po spektaklu oznajmia mu, w dobrych intencjach, że opuściła teatr, jedyny świat, jaki znała, aby w pełni oddać się jemu, który otworzył jej oczy na znacznie piękniejszą rzeczywistość. Jednak Dorian kochał ją ze względu na jej talent; jej miłość pozostawia go obojętnym. Zdegustowany, mówi jej o swojej pogardzie i odchodzi.

Wracając do domu Dorian zauważa, że jego portret ma lekko okrutny uśmiech. Przypomina mu się jego życzenie i uświadamia sobie, że stoi przed swoim sumieniem. Jego własny wyraz twarzy nie zmienił się. Przytłoczony litością dla swojego portretu, przysięga, że już nigdy nie zgrzeszy.

ROZDZIAŁ 8

Następnego dnia pisze do Sibyl, aby ją przeprosić. Zrobiwszy to, czuje już przebaczenie. Przybywa Lord Henryk i mówi mu, że Sibyl zabiła się z miłości. Jest przerażony, że nie zostanie dotknięty tragedią tak, jak by tego chciał. Daleki od pocieszania go, Lord Henry zachęca go do dostrzeżenia piękna tej śmierci. Dorian czuje się lepiej i odkrywa swoje prawdziwe ja. Zmienił zdanie na temat portretu: odtąd to on będzie dźwigał ciężar jego namiętności.

ROZDZIAŁ 9

Bazyli prosi o obejrzenie portretu i wspomina o zamiarze jego wystawienia. Dorian jest przerażony. Następnie wyznaje, że ma tajemnicę i oferuje, że ją zdradzi, jeśli Bazyli wyjaśni, dlaczego początkowo nie chciał go wystawić.

Bazyli wyznaje, że go wielbi i obawiał się, że widać to na jego obrazie; teraz uważa to wyobrażenie za głupie. Dorian, z ulgą, wyznaje, że rzeczywiście widział "coś" na portrecie, ale nadal nie chce tego pokazać.

ROZDZIAŁ 10

Dorian zaczyna mieć paranoję na punkcie tych, którzy zbytnio zbliżają się do zasłoniętego portretu; ukrywa go w swoim dawnym gabinecie, na ostatnim piętrze domu. Następnie spędza sporą część wieczoru na czytaniu dziwnej i fascynującej książki, którą przysłał mu Lord Henry.

ROZDZIAŁ 11

Przez kilka lat Dorian żyje pod wpływem książki. Prowadzi podwójne życie, przyzwoite na pozór, ale potajemnie rozwiązłe, doświadcza egzotycznych i dekadenckich przyjemności. Jednocześnie odczuwa lęk, że jego tajemnica może zostać odkryta. Co więcej, krążą o nim skandaliczne plotki, ale na szczęście chroni go jego bogactwo i urok.

ROZDZIAŁY 12-14

Dorian ma 38 lat. Pewnego wieczoru spotyka Bazylego i czuje się w obowiązku zaprosić go do siebie. Bazyli wspomina o strasznych plotkach na jego temat i dochodzi do wniosku, że aby go naprawdę poznać, powinien zobaczyć jego duszę. Dorian, wzburzony, zgadza się i przyprowadza go, by zobaczył portret. Bazyli rozumie, co się stało. Dorian, po zobaczeniu portretu, zostaje ogarnięty nagłą i nie dającą się opanować nienawiścią do malarza. Brutalnie morduje go nożem. Następnego dnia Dorian zamyka się w sobie, próbując zapomnieć o zbrodni, i wpada w coraz większą panikę, dopóki nie zjawia się jego dawny przyjaciel Alan Campbell, chemik. Prosi go, by sprawił, że ciało Bazylego zniknie.

ROZDZIAŁY 15-16

Następnego wieczoru Lord Henry pyta Doriana, co robił poprzedniej nocy i Dorian się denerwuje. Wraca do domu, pali rzeczy Bazylego i postanawia pójść do meliny opiumowej.

Gdy odchodzi, kobieta nazywa go "prince charming", co alarmuje Jamesa Vane'a, który spał w kącie. James atakuje Doriana na ulicy, ogłaszając, że jest bratem Sibyl i że go zabije. Dorian prosi go, by spojrzał na niego w świetle ulicznej lampy; widząc, że wydaje się mieć ledwie 20 lat, James uznaje, że się pomylił i puszcza go wolno.

ROZDZIAŁY 17-18

Dorian czuje, że jest ścigany. Choć zdaje sobie sprawę, że jego strach przed karą jest irracjonalny, przeraża go myśl, że nie będzie w stanie uciec przed zawirowaniami sumienia. Podczas polowania jeden z bijących zostaje przypadkowo zabity, co Dorian odbiera jako zły omen zapowiadający jego nadchodzący upadek. Później słyszy, że nie udało się zidentyfikować bijącego, a ten miał przy sobie broń. Dorian Gray natychmiast idzie przyjrzeć się ciału i rozpoznaje Jamesa Vane'a. Czuje taką ulgę, że aż płacze.

ROZDZIAŁ 19-20

Dorian tłumaczy lordowi Henrykowi, że jest zdecydowany się zmienić, ponieważ zrobił w życiu zbyt wiele okropnych rzeczy. Jednak, zdaniem lorda Henryka, Dorianowi nie uda się zmienić. Tuż przed wyjściem do domu Dorian, po omacku, chce coś wyznać lordowi Henrykowi (prawdopodobnie doty-czy to śmierci Bazylego), ale ostatecznie rezygnuje.

Po powrocie do domu Dorian myśli z nostalgią, o swojej daw-nej niewinności. Wolałby odkupić każdy ze swoich grzechów, niż zniszczyć swój portret. Postanawia stać się dobrym. Z ciekawości wchodzi na schody, by sprawdzić, czy dobry uczy-nek, którego niedawno dokonał, coś zmienił. Obraz jest jed-nak nadal tak samo straszny, zauważa nawet nowy obłudny wyraz twarzy.

Nie mogąc dłużej znieść ciążących na nim oskarżeń, Dorian próbuje zniszczyć portret nożem, by wreszcie zaznać spo-koju. Jego służbę budzi straszliwy krzyk; wkrótce znajdują obraz, nienaruszony i ponownie przedstawiający Doriana w całej jego chwale, a u jego podnóża ich pana, martwego, ugo-dzonego w serce, pomarszczonego i ohydnego.

STUDIUM POSTACI

DORIAN GRAY

Jest synem Lady Margaret Devereux – niezwykle pięknej arystokratki – i nieznanego żołnierza niższej rangi. Osierocony w młodym wieku, nadal mieszkał w rodzinnym, bogato zdobionym domu, otoczony lokajami i guwernantką.

Posiadając osobliwy urok, Dorian wywołuje faszyzm wśród swoich przyjaciół Bazylego i Lorda Henry'ego. Przez całą opowieść ewoluuje w sposób radykalny, właśnie dzięki wpływowi Lorda Henry'ego:

- Na początku powieści Dorian zostaje przedstawiony jako szczery młodzieniec, niemal dziecięcy, spontaniczny choć nieśmiały, pełen radości życia.

- Wkrótce przyjmuje postawę odczarowanego dandysa, cynicznego, egocentrycznego i amoralnego, żyjącego tylko dla sztuki i pozbawionego prawdziwego współczucia dla ludzi (na przykład woli aktorstwo Sibyl od samej Sibyl). Jego współczucie może być głębokie, ale jest ulotne, bo interesuje go tylko to, by cieszyć się wszystkim, co w człowieku dobre (na przykład tragicznym wymiarem tej osoby), aż do momentu, gdy przestanie go to interesować.

Karmiąc swoją artystyczną wrażliwość wyrafinowanymi i zakazanymi przyjemnościami (w tym narkotykami, pożądaniem, czasem stosunkami homoseksualnymi, jak sugeruje Wilde), dusza Doriana zostaje zdegradowana. Dzięki życzeniu, które wypowiedział (rozdział 2), zachowuje wszystkie pozory swojego uroku, ale jego portret degraduje go w zastępstwie.

Dorian od początku do końca pozostaje jednak trzeźwo myślący: szybko orientuje się, że cynizm lorda Henry'ego jest przerażający i trujący, ale uważa go za zbyt fascynujący, by się mu oprzeć; niemal natychmiast rozumie, że jego portret odzwierciedla jego sumienie, ale postanawia wykorzystać ten fakt; dwukrotnie przysięga, że znów stanie się dobry (rozdziały 7 i 19), ale szybko uświadamia sobie, że nigdy mu się to nie uda, bo oznaczałoby to pójście wbrew jego naturze.

Choć ceni sobie swoje podwójne życie, w którym niesłabnący urok chroni go przed coraz gorszymi plotkami, jego tajemnica ciąży mu na sercu: popada w coraz większą paranoję (zwłaszcza po zabiciu Bazylego) i dręczy go ogromne poczucie winy. Gorzko żałuje utraconej niewinności. W zakończeniu tekstu przerobionego przez Wilde'a w 1891 roku staje się jednak bardziej oczywiste, że Dorian tak naprawdę nie ma wyrzutów sumienia; nie może już znieść oskarżeń sumienia i po prostu szuka spokoju.

LORD HENRY "HARRY" WOTTON

Typowy dandys (rozdział 3), Lord Henry jest wzorem niemoralności. Wyrafinowany, cyniczny, zamieniający skandaliczne i ulotne przyjemności w sposób na życie, często wyraża swoją wizję świata poprzez aforyzmy i improwizowane przemówienia (chyba bardziej dla zabawy niż z prawdziwego przekonania, bo jak sam mówi, systematycznie zapomina własnych słów). Fascynuje Doriana swoim sposobem posługiwania się słowami i odurzającymi ideami, a świadomy swojego wpływu wprowadza młodzieńca w swój sposób życia.

Lord Henryk zachowuje pewien poziom uczciwości, gdyż nie ukrywa swoich wad ani prawdziwych motywów, co powoduje, że jest dumny z siebie i skutkuje opinią, że jest strasznie wykwintny.

Dla niego sztuka i przyjemności są wszystkim. Piękno jest najważniejsze, do tego stopnia, że uważa za bezsensowne ocenianie człowieka na podstawie czegokolwiek innego niż jego wygląd. Rozczarowany i materialistyczny, o ulotnych zainteresowaniach, cieszy się chwilą obecną i swoimi przyjaciółmi, nie angażując się naprawdę i nie dbając o przeszłość. Z pewnością dlatego, że Dorian Gray jest dla niego niekończącym się źródłem fascynacji – uważa go za "arcydzieło" życia (rozdział 4) – pozostają sobie bliscy aż do końca.

BAZYLI HALLWARD

Utalentowany malarz, nie potrafiący jednak osiągnąć szczytu swojej sztuki bez obecności Doriana, jest – jak sam mówi – zafascynowany pięknem i osobowością Doriana. Dorian stał się dla Bazylego, od momentu ich spotkania, całą jego sztuką: wydaje się ucieleśniać nieznany, ale uniwersalny ideał artystyczny. To właśnie w chwili wielkiego natchnienia Bazyli maluje obraz Doriana Graya.

Bazyl to dusza konserwatywna, wyznająca tradycyjne mieszczańskie wartości dobroci i miłości. Amoralny wpływ Lorda Henry'ego (jego przyjaciela z Oksfordu) na Doriana, który przewiduje od początku, jest dla niego katastrofą: wypaczając jego "prostą i piękną naturę" (rozdział 1), wpływ ten grozi podkopaniem tego, co czyni Doriana tak wyjątkowym w jego oczach. Zainteresowanie, jakim darzy Doriana, ma przenikający go wymiar egoistyczny, za co Dorian od początku robi mu wyrzuty, zarzucając mu, że ich przyjaźń nie opiera się na niczym poza młodością i dobrym wyglądem – gdy tylko się zestarzeje, będzie po wszystkim.

Początkowo odmawia wystawienia swojego portretu Doriana, z obawy, że jego uwielbienie dla niego może być widoczne i że ludzie mogą odkryć intymność jego duszy, w końcu uznaje to pojęcie za głupie. Po tym jak Dorian oddala się od niego, zaczyna wierzyć, że sztuka bardziej ukrywa artystę niż go pokazuje – co jest powrotem do jednego z argumentów wymienionych w przedmowie.

SIBYL VANE

Uboga młoda kobieta, jest szekspirowską aktorką w podłym teatrze (gra Julię, gdy Dorian widzi ją po raz pierwszy). Jej uroda porusza Doriana, którego ciągle nazywa swoim "księciem z bajki". Jednak w oczach Doriana jest ona sumą wszystkich szekspirowskich postaci, które gra na scenie, a nigdy Sibyl Vane.

Bardziej niż niewinna, sibyl jest nieświadoma efektu, jaki wywołuje na mężczyznach. Nie ma doświadczenia życiowego, a po matce (która zdaje się żyć w nieustannym spektaklu teatralnym) odziedziczyła pełną banałów wizję świata. Sibyl tak bardzo brakuje osobowości; to wciąż naiwne dziecko, które żyje w cudownych historiach, w których występuje.

Po poznaniu Doriana marzy o porzuceniu powierzchowności sceny, by przeżyć prawdziwą namiętność – ale po raz kolejny staje się jasne, że jej wyobrażenie o niej jest przeniesieniem swoich opowieści do rzeczywistości.

JAMES VANE

Brat Sibyl, pracujący jako marynarz, jest szorstkim i cichym młodzieńcem. Choć nie wydaje się być zbyt inteligentny, jako jedyny w rodzinie jest realistą. Jako że nienawidzi arystokratów, przysięga zabić Doriana, jeśli ten kiedykolwiek skrzywdzi jego siostrę. Ojciec Jamesa, arystokrata, nigdy nie ożenił się z jego matką; dlatego ta nienawiść pochodzi z instynktu jego klasy proletariackiej.

ANALIZA

AMORALNE PIĘKNO

Obraz Doriana Graya jest tu paralelny z dwoma ruchami, z którymi Wilde jest związany poprzez wyraźne oddzielenie sztuki i moralności – do tego stopnia, że upadek i śmierć Doriana można interpretować jako wynik "herezji" (Mighall, 2003: xxv): herezji nadania moralnego znaczenia swojemu portretowi, a więc zepsucia pięknego obiektu sztuki poprzez skojarzenie go z własnym sumieniem.

RUCH DEKADENCKI

Koniec wieku 19th był odczuwany jako koniec pewnej epoki. Dlatego modną reakcją było odrzucenie tego, co zostanie po sobie: odrzucono moralność i tradycyjne wartości estetyczne – w ten sam sposób Lord Henry eksponuje swoje idee przez całą powieść – przyjęto zakazane i egzotyczne przyjemności.

Zachowanie to jest typowe dla ruchu artystycznego, ruchu dekadenckiego, który jest ekspresją zabarwioną humorem i prowokacją, libertyńską i siarczystą ewokacją rozpaczy spowodowanej niepewnością przyszłości. Dandys, uosabiany zarówno przez autora (Wilde), jak i bohaterów (Lord Henry, Dorian Gray), uosabia ten stan ducha:

- Jest estetą nowego gatunku;

- Jest cyniczny w stosunku do moralności i uczonych idei;

- Jego sposób życia jest skandaliczny; jednak jadowity urok dandysa pozwala mu błyszczeć w wysokich sferach (a przynajmniej w niektórych kręgach towarzyskich);

- Jest znudzony, zmęczony ze względu na rozpustę w postaci coraz bardziej wyrafinowanych przyjemności, a także z powodu poczucia niemożności znalezienia nowych.

Obraz Doriana Graya jest przesiąknięty tą dekadencją, co widać w:

- amoralne wystąpienia lorda Henry'ego, który opowiada się za "nowym hedonizmem" (rozdział 2; Dorian wykorzystuje tę myśl ponownie w rozdziale 11, kiedy kojarzy tradycyjne odrzucenie zmysłowej przyjemności z marnotrawstwem, dziedzictwem obłudnej moralności).

- Podwójne życie Doriana.

- A przede wszystkim trujące piękności, którym Dorian się poświęca. Z jednej strony obejmuje to ekscentryczne przyjemności: w rozdziale 11 lista jego gustów w zakresie perfum, muzyki, klejnotów itp. przypomina te, które ma antybohater des Esseintes w powieści *A rebours* (1884) francuskiego pisarza Jorisa-Karla Huysmansa (1848-1908). Ta powieść, swoisty manifest ruchu dekadenckiego, jest prawdopodobnie powieścią, którą Lord Henry daje Dorianowi w rozdziale 10, zgodnie z dziko rozpowszechnionym pomysłem, który znajduje zwykle potwierdzenie w literaturze wtórnej na temat Obraz Doriana Graya i który jest poparty estymą Wilde'a dla tego dzieła. Z drugiej strony obejmuje to zakazane przyjemności: na przykład Bazyli wspomina w rozdziale 12 o tragicznych zakończeniach przyjaźni Doriana z młodymi mężczyznami.

ESTETYZM

Hasłem przewodnim estetyzmu, innego ruchu artystycznego (aczkolwiek bardzo bliskiego ruchowi dekadenckiemu), z którym Wilde może być związany, jest bezsprzecznie "sztuka dla sztuki". Dzieło sztuki powinno być całkowicie autonomiczne, bo piękno góruje nad wszystkim, także nad moralnością i dydaktyczną użytecznością, jakiej od dzieła zwykły oczekiwać ówczesne konwencje.

W estetyzmie nie ma nic moralnego ani dydaktycznego. Sztuka jako wyrafinowanie jest nawet stawiana ponad brutalną naturą (w ruchu dekadenckim widać to poprzez pociąg do sztuczności, co można znaleźć również w Obraz Doriana Graya).

Dążenie do piękna dla samego piękna znajduje odzwierciedlenie w zachowaniu Doriana, który nie zatrzymuje się w poszukiwaniu nowych doznań, do tego stopnia, że ocenia ludzi (na przykład Sibyl), tylko z artystycznego punktu widzenia. Jednak, co zaskakujące, "sztuka dla sztuki" wydaje się być również częścią filozofii Bazylego. W rozdziale pierwszym ubolewa on nad tym, że ludzie postrzegają sztukę jako formę autobiografii i zatracili "abstrakcyjne poczucie piękna". Oczywiście, to właśnie przedmowa powieści jest najbardziej stanowcza w kwestii autonomii sztuki.

POWIEŚĆ GOTYCKA

Obraz Doriana Graya jest późnym przykładem dzieła związanego z gatunkiem gotyckim. Istniejący od połowy 18th wieku gatunek ten, którego głównymi reprezentatywnymi powieściami są *Frankenstein* (1818) Mary Shelley (pisarka brytyjska, 1797-1851), *Doktor Jekyll i Mister Hyde* (1886) Roberta Louisa Stevensona (pisarz szkocki, 1850-1894) oraz utwory Edgara Allana Poe (pisarz amerykański, 1809-1849), definiowany jest przez:

- Atmosfera grozy: morderstwo dokonane przez Doriana, śmierć Jamesa Vane'a.

- Złowrogie i przerażające środowisko, do którego doskonale pasują złe dzielnice Londynu 19th wieku: por. niektóre fragmenty, mianowicie w rozdziale 16, opowiadającym o wizytach Doriana w melinie opiumowej (na przykład: "Większość okien była ciemna, ale od czasu do czasu fantastyczne cienie rysowały się na tle jakiejś lamperii. Obserwował je z ciekawością. Poruszały się jak potworne marionetki i wykonywały gesty jak żywe istoty").

- Wydarzenia nadprzyrodzone: starzenie się portretu w zastępstwie Doriana.

- Fascynacja irracjonalnością ludzkiego umysłu: motyw podwójnej osobowości (jak w *Doktorze Jekyllu i Mister Hyde*), związany także z Dorianem i jego portretem, czy nocne lęki Doriana, zwłaszcza po dokonanej zbrodni.

PRZEKONANIA NAUKOWE

W *Obrazie Doriana Graya* można znaleźć aluzje do ówczesnych koncepcji naukowych. Dorian, daleki od zaprzedania duszy diabłu, próbuje na krótko zgłębić tajemnicę przemiany swojego portretu, stawiając hipotezę o wpływie swojej myśli (lub nawet "pokrewieństwa między atomami chemicznymi [...] a duszą, która była w nim", rozdział 8) na materię, która nie jest żywa, lecz bezwładna, po czym traci zainteresowanie tym zagadnieniem.

Fizjonomia była modną w 19th wieku pseudonauką, według której badanie wyglądu fizycznego (zwłaszcza twarzy) danej osoby pozwalało określić jej osobowość. Ta idea jest centralna w opowiadaniu: portret jest poniżający i przyjmuje wszystkie złośliwe wyrazy zamiast Doriana, który zachowuje wszystkie swoje wdzięki, z powodu coraz bardziej rozwiązłego życia Doriana i jego hipokryzji. Jednak w pewnym sensie Wilde obraca fizjonomię w szyderstwo, ponieważ w tym przypadku to do portretu, a nie do osoby, stosuje się jej zasady.

W powieści poruszona jest również kwestia dziedziczności, również aktualna w tamtym czasie: Dorian odziedziczył urodę po matce, natomiast James nienawidzi go, ponieważ jest arystokratą jak jego ojciec. James, choć nie wie, dlaczego ten ostatni nigdy nie ożenił się z matką, trzewiowo odrzuca klasę społeczną Doriana.

POWIEŚĆ ODZWIERCIEDLONA NA ZDJĘCIU

Obraz przedstawiający Doriana Graya może być postrzegany jako mise en abyme samej powieści. Rzeczywiście, relacja między Dorianem a portretem prezentuje ciekawe podobieństwa, podobnie jak relacja między Wilde'em a jego powieścią:

- Dla Doriana portret jest rodzajem zewnętrznego sumienia. Rozpusta, która pozostaje niewidoczna na jego wiecznie niewinnie wyglądającej twarzy, jest wpisana w obraz; dlatego też on ją ukrywa. W ten sposób jego życie społeczne odnosi globalny sukces, ale w końcu obraz i tak powoduje jego upadek, gdy próbuje go zniszczyć.

- Dla Wilde'a, który będąc homoseksualistą, również prowadził podwójne życie, *Obraz Doriana Graya* zawiera aluzje do tego, co on również musiał ukrywać przed społeczeństwem. Mimo że Wilde tłumił je w 1891 roku, aluzje te zostały wykorzystane przeciwko niemu w procesie o homoseksualizm w 1895 roku – w pewnym sensie więc jego powieść spowodowała również jego upadek (z tą różnicą, że Wilde nigdy nie chciałby się jej pozbyć).

DALSZA REFLEKSJA

KILKA PYTAŃ DO PRZEMYŚLENIA...

- Jak można interpretować tę historię? Jakie jest Twoim zdaniem znaczenie śmierci Doriana? Jaką rolę odgrywa portret?

- Opisz filozofię lorda Henryka. W jakim stopniu pokrywa się ona z Wilde'em?

- Podaj przykłady fragmentów, w których paranoja Doriana wydaje się opisana w sposób gotycki.

- Dążenie do piękna we wszystkich jego formach może uczynić estetę nieczułym na wszystko inne. W jaki sposób Lord Henryk i Dorian są nieczuli? Czy mają jakieś granice?

- Jak wyjaśnić fakt, że wiele osób (w tym Bazyli), odmawia uwierzenia w plotki o Dorianie, gdy znajdują się w jego obecności i pod wpływem jego uroku?

- Podaj przykłady fragmentów, w których sztuka kojarzy się ze sztucznością i/lub realnym życiem.

- W przedmowie Wilde napisał: "Nie ma czegoś takiego jak książka moralna czy niemoralna. Książki są dobrze napisane, albo źle napisane. To wszystko". Czy powieść potwierdza tę myśl autora? Uzasadnij swoją odpowiedź.

- Porównaj Obraz Doriana Graya z mitem o Fauście. Czy Dorian zawarł układ z diabłem? Wyjaśnij swoją odpowiedź.

- Co powieść mówi o społecznych uprzedzeniach z czasów życia Oscara Wilde'a?

DALSZE CZYTANIE

WYDANIE REFERENCYJNE

Wilde, O. (2001) *The Picture of Dorian Gray*. London: Wordsworth Classics.

BADANIA REFERENCYJNE

Mighall, R. (2003) *Wprowadzenie do The Picture of Dorian Gray*. London: Penguin Classics. p. xxv.

Chcemy usłyszeć od Ciebie, co się dzieje!
Zostaw komentarz na temat swojej internetowej biblioteki
i podziel się swoimi ulubionymi książkami w mediach społecznościowych!

www.50minutes.com

Master ISBN: 9782808694056
Papierowy ISBN: 9782808615457
Depozyt prawny: D/2023/12603/1825

Verhaal: © Primento

Projekt cyfrowy: Primento, cyfrowy partner wydawców.